L'ardente fluidité du temps

Louis Massey

ESICORE

Ces poèmes sont sérieux mais ne les prenez pas trop sérieusement. Avec le temps enflammé qui emporte tout, qui façonne, détruit, puis reconstruit, il n'y a pas un instant à perdre dans la tristesse : il faut vivre extraordinairement tous les jours.

En avant!

L. M.

« tout ce monde où la mélancolie préparait au bonheur »

- André Malraux, *La condition humaine*

PARFUMS PRINTANIERS

Effluves collantes

Enivrantes bouffées sinusoïdales

Coulantes, fluviales, déroutantes

Frivoles exaltations qui m'aspirent

Que j'inspire follement

Je décolle emporté par le vent

Chargé d'arômes naissants

Je les goûte, les avale

Enveloppes aromatiques de meilleurs
    moments

Longtemps attendus et si vite envolés

FAUSSES IMPRESSIONS

Dans les rues tourmentées

Perdu dans la canicule

Je me sèche de tout

Presque renversé par une Audi

Qui frôle ses rétroviseurs

Sur les murs essoufflés

De la vielle Tolédo perchée

Je me trouve rempli de tout

Mais mal évaporé de toi

Amour frauduleux

Que je porte lourdement

Dans l'étroitesse qui étouffe

Qui du même coup

Me pousse hors de moi

Dans les bras de la liberté retrouvée

L'ÉROTISME DU SOLEIL COUCHANT

j'attends que le soleil

lèche tout de sa langue d'or

il prend son temps

car il sait, il sent

que je le regarde

enlever ses vêtements

LE PRIX DE L'AMOUR

Je l'embrasse embrasée

Je veux me sauver attaché

Tanné de gémir doucement

Des mots qui ne lui disent rien

Quelle foutaise mal déguisée

Pour les apparences sociales

J'aimerais disparaître

Mais je dois rester

Prisonnier

ÊTRE CE QU'ON ÉTAIT

tu penses savoir qui je suis

mais je ne suis pas cet homme

je date de bien avant

que tu ne m'aies connu

que tu ne m'aies façonné

je suis celui que j'étais

retrouvé dans la poussière

de vieilles affaires oubliées

le moi que tu as créé

a passé au peloton d'exécution

renversement d'une fausse identité

je me suis retiré du cimetière

résurrection d'un lointain trajet

que je suis heureux de retrouver

LA BEAUTÉ DE LA DOULEUR

Dans la délicate rage

Qui nous mange

Nous avale

Imperceptiblement

En nous regardant

Amicalement

Dans toute sa beauté

Dans toute sa fureur

Je vois

Une explosion de joie

LE POUVOIR NETTOYANT DE L'AIR AMBIANT

bercé hors réalité

perdu dans la grande vérité

englouti sous la douce couverture de
    l'imaginaire

puis-je ressentir les vagues dans l'air?

Je veux découvrir le picotement

de chaque molécule sur ma peau

se faufilant entre mes membres

s'infiltrant dans mes cheveux

en caresse coulante

emportant tout

SANS RAISON

pourquoi demander pourquoi?

pourquoi chercher la signification et
l'explication?

des évènements extraordinaires

aux banalités ennuyantes

les choses sont ce qu'elles sont

Il faut les prendre en entier

dans leur simple réalité

mais que faire de la souffrance

que de l'embrasser et s'en servir

pour aller de l'avant et construire?

MON ENFANT IL Y A SI LONGTEMPS

c'était hier il me semble

je te chatouillais

te racontais des histoires

ton rire franc et clair

annihilait mes soucis

bonne nuit…

non, pas tout de suite!

te souviens-tu?

où cela est-il allé?

perdu dans le sérieux de la vie?

enterré par la maturité?

écrasé par les souvenirs douloureux

de ce qui a manqué

au lieu de pleinement embrasser

ce qui fût si beau?

il y a si longtemps…

CES COURTS MOMENTS QUI S'ENCHAÎNENT

Parfois je suis tellement ici

Que c'est comme si je n'étais pas là

Je m'y surprends, c'est si plaisant

D'être connecté à tout

Au point de n'être rien

Isolé du monde

Heureux pour un moment

BEAUTÉ DIVINE

Décortiqué morcelé

Je gis ni mort

Ni vivant brisé

Fracassé dans le

Vomit je m'éclate

J'en ris ça fait

Drôlement mal

Oups c'est fini

LE POIDS DU DESTIN

Le destin que je crains

Cette lourde inexistence

Enroulée autour de mon cou

Invisible nuisance qui me retient

Je suis là pendu, ballotant au vent

Attaché par les fibres de fluctuations

Éphémères et aléatoires

D'un univers sans raison

MARDI SOIR

Les vidanges sont sortis

Quelqu'un va les a ramasser

Fausse joie

Ils restent là

Une tache tenace

Vert putride

Contre le ciment blanc

LE TRAIN DANS LA FORÊT NOIRE

Celle que j'ai tant aimé

Qui devrait être là

À mes côtés

L'amour chemin de fer

Inflexible linéarité

Sur deux voies séparées

POINT DE FUITE

J'ai en moi

Ce désir infini

Cette envie irrésistible

De partir

De ne plus être ici

Ce que je fuis

Sans merci me poursuit

Je le traîne avec moi

JE ME SUIS OUBLIÉ

Je me suis oublié

Dans mon désir de liberté

Sur la route obscure du désir

De l'éternelle insatisfaction

Qui me vide de vie

AMOUR BRISÉ

Ton souffle sur mon cou

Ta main sur ma peau

Je me baigne dans tes yeux

Si profond que je m'y noie

Notre amour infini

Se brise en morceaux

À notre insu, petit à petit

Dans le feu de la vie

Il part en fumée

Se dissout, s'enfuit

DOULEUR

La rivière est asséchée

La mort l'entoure

Pourtant de toutes mes larmes

Elle devrait couler à flot

Le soleil brille

Trop chaud il me brûle

La lune éclaire

Un blanc qui me gèle

Tout est grisaille

Laideur m'entoure

Neige sale, ciel intenable

Noirceur dans mon cœur

INSAISISSABLE

le temps déchaîné

monstre tempétueux

à l'haleine enflammé

érosif et fulgurant

si on essaie de le capturer

il fuit violemment

inerte et animé simultanément

il est en nous

il est nous

LA LUMINOSITÉ DE L'OBSCURITÉ

Marchant dans la neige craquante

un soir frigorifiant d'un hiver sans lune

je compris l'obscurité.

Elle semble d'abord complète

nous emprisonne, nous empoisonne.

Où mettre le pied?

Vais-je tomber?

La peur m'habite.

En avançant toujours plus,

un pas à la fois je ne trébuche point.

L'obscurité a sa manière bien à elle de se

    faire lumière

si on laisse nos yeux s'y habituer juste un

    peu.

Elle ouvre ses bras et nous laisse passer

nous menant vers une nouvelle clarté

créée au fur et à mesure que nous posons
un pied.

Cette luminosité est celle de la nuit

qui bien que noire et froide

reste révélatrice pour qui ose s'y aventurer.

SES GRANDS YEUX BRUNS

Je ne sais pas pourquoi on dit que l'eau est
    bleue
Elle n'est que la réflexion du ciel
Brillante et éblouissante les jours ensoleillés
Brune et brouillée pendant l'orage

Tels étaient ses yeux
Que j'ai tant aimés
Que j'ai tant détestés

UN RÊVE MAL RÉALISÉ

les enfants sont partis

j'y ai rêvé toute ma vie

leurs petites mains

la peau qui sent si bon

les rires et les cris

se perdent dans l'oubli

leurs douces caresses

devenues distantes

Papa, encore une histoire!

allez vous coucher

je suis fatigué

et maintenant

je suis oublié

PERDU

Les ombres m'embrassent et m'affligent

Elles m'extirpent peines et joies

Que sont devenus mes rêves

Dans cette lumière disparue?

Des souvenirs dissipés

Qui s'évanouissent

Dans l'obscurité du passé

LE RETOUR DU PRINTEMPS

Il s'étire le cou pour mieux me voir

Quel est ton chemin?

Je connais le mien

Une longue brindille au bec

D'une poussée qui semble si légère

Il s'envole et admire des hauteurs

Les arbres saupoudrés de gouttes rouges

Les pelouses inondées d'océan bleu

Les couleurs dérangées du printemps

VIELLES PIERRES

Les vielles pierres du mur

affichent les ombres des passants

Elles en ont vu d'autres

Ailleurs et sous bien des formes

Je les entends parfois me raconter

Vibrations diffuses d'un temps lointain

MUSIQUE DU PASSÉ

Les notes pianotent

Papillons s'envolant

Attachées au passé

Elle m'enlacent doucement

Histoires d'amour

Peines d'enfance

Rêves oubliés

Reviennent me hanter

Puis délicatement me déposent

Dans le moment présent

Où je reste touché légèrement

RICHESSE

Le monde est riche

Riche de diamants ondulants

De rayons d'or et de nuits d'argent

J'en suis satisfait entièrement

Ma vie est riche

Riche de vous tous

Qui habitez mes pensées

Sans que vous vous en doutiez

L'HIVER

Manteau blanc

Doux et croquant

Doigts crochus

Chatouillant le vent

Comme je me sens

En-dedans

VOYAGE INTÉRIEUR

La forte émotion d'être simplement

De se sentir pleinement sans condition

Éliminées les interruptions neurales

Dans la simple beauté du brut purifié

À la lumière infiltrée qui révèle tout

Ce qu'on n'entend ni ne voit normalement

Resplendissant d'une brillance dénudée

Sans complication ni question banale

MAINTENANT

Vagabond fluide qui part en courant

Je veux te saisir, t'enserrer fort

Te garder prisonnier de chaque instant

Pour chaque pas déposé lourdement

Alors que tout m'échappe, que tout coule

Je te rattrape épuisé, je te tiens ennuyé

Fuis tant que tu veux car tu peux

Je t'embrasse comme on caresse l'air

Je suis qui tu es, mental nomade

Je te suis sans fin au plaisir d'être

Ici maintenant toujours à cet instant

PEUT-ON VRAIMENT PARTIR?

Le passé rejoint le présent

dans la mémoire des moments

vécus sans fin maintenant

et toujours projetés dans le futur

dans le désir fou de revenir

d'où nous ne sommes jamais partis

dans le rêve délirant de quitter

notre intérieur ravissant

AVANCER

Pourquoi marcher?

Pour user mes souliers

vers une nouvelle découverte

cachée au détour d'un chemin

qui se déroule lentement

poursuivant un mur regorgeant

de la lumière orange du matin

et au-delà du prés ondulant

longue vague immobile

percent les toits pointus

et le début du lendemain

LA FORCE DU SUBCONSCIENT

captivé par mes ombres

qui se faufilent dans la nuit

je suis leur inséparable prisonnier

saisi dans l'amour haï

sans cesse retrouvé

le temps que je veux oublier

les obscures silhouettes maléfiques

incessamment chuchotent

dans leur langage douloureux

MARQUES DU TEMPS

Les pignons décrépis

La peinture écaillée

La brique effritée

La pierre craquée

Des murs, des cheminées qui s'inclinent

Sous le poids des années

La poussée des éléments

Abandonnés à ce qu'ils sont

À devenir ce qu'ils doivent

Sans mascarade ni artificialité

Ici et là, des retouches disparates

Insensé désir de contrer l'irréversible

Tentative futile de repousser l'inévitable

Deviennent elles-mêmes une partie

De la beauté de l'authenticité

Embrassant la peur de la finalité

LE CYCLE DE LA VIE

Mon feuillage s'atrophie

Me nourrir devient difficile

Mon tronc lentement se dénude

Écorce ramollie sur le sol pourri

Au moindre vent c'est par terre

Que je me retrouverai

C'est ainsi que gît cet arbre

Ses branches dans la terre

Le tronc couché voit enfin le ciel

La brume du matin s'étire

Elle baille au-dessus de ses frères

La face fissurée du vieux roc

Laisse couler quelques larmes

Autour de l'ancêtre

Les enfants montent la garde

Et grandissent sur l'humus

Que devient leur grand-père

AU-DELÀ DU TEMPS

Ce qui est près s'assombrit

Ce qui est loin s'illumine

Espace et temps

Perceptions et sentiments

Tout est faussé

Ce qui est vert est jaune

Ce qui est brun est bleu

Le silence est bruyant

Le bruit est apaisant

Le ciel s'allume

Le feu s'éteint

La nuit vient

IL SUFFIT D'UN RIEN

Cercles concentriques

Comme une onde s'étendent

Bruit sourd et strident

Voyage étrange

Rencontres mémorables

Ils sont là, ils attendent

Images bousculées

Vues par la fenêtre de la vie terminée

Un moment on est vivant

L'autre on ne l'est plus

Sans savoir pourquoi

Le fluide de vie s'est enfui

QUI AURAIT CRU ?

Joie et beauté

    s'échappent de la pierre grise

Tirant leur énergie

    de la lumière matinale

Qui libère de la tristesse

    de la dure prison

Pour célébrer

    l'inlassable marche du temps

LE TORRENT DU TEMPS

Le torrent du temps emporte tout

Dans son érosion impétueuse

Où trouver refuge?

Sinon dans l'espoir d'éternité

Ce mensonge qu'on se répète furieusement

Cette illusion qui nous rend aveugle

À la beauté du temps

L'AMOUR ÉPUISÉ

ces mots pénibles

de dire je t'aime

impossible vocabulaire

tu veux tout

pour toi-même

ne pouvant donner

criant que tu le mérites

la douleur de ton cœur

masquant que déjà

je te le donne

complètement

LE TEMPS QUI SERA PASSÉ

Je vois cet homme d'âge mûr dans le miroir.

Où est passé le jeune que je suis?

Demain je verrai un vieillard ridé

Celui qui me rend impatient

parce qu'il marche trop lentement

Il racontera des histoires de l'ancien temps

Ah! Les années 80

Nostalgie des amours éteints

Souvenir diffus d'une force

Longtemps disparue

N'ÉTAIT-CE QU'HIER?

je le vois en couleur

ce sera en noir et blanc

de vielles photos

dans le musée du siècle passé

souvenirs défraîchis

dans une boîte de carton déchirée

au fond d'un placard oublié

FRAGILE EXISTENCE

Pour chaque instant qui passe

Je reste surpris d'exister

Entraîné par les secondes qui courent

Je respire

Je suis conscient

Un miracle de coordination

De milliards de petites bulles

qui dansent en unisson

éphémères cellules

vous êtes moi

VIE PLATE

une grande tristesse plane

sur la surface du temps perdu

à vivre d'effleurements

elle s'abat sur moi orageusement

s'infiltre dans mes crevasses

gèle et explose mon être

je tombe en morceaux

fragments de l'érosion des moments

aveuglé par la poussière

je reste immobile, dérouté

pris dans une existence sans vertige

LIQUIDITÉ EMPORTANTE

Elle s'écoule joyeusement

Crépitement liquide

Qui réchauffe l'âme

Emportant les soucis

Dans l'enchantement du moment

EN ARRIÈRE!

Les douleurs accumulées

Refuge lourd et confortable

Comme une grosse couverture

Qui nous empêche de bouger

Quand victime définie l'identité

Malgré les années écoulées

On continue à pleurer et crier

À demander pourquoi? Pourquoi moi?

Ces grandes peines transportées

Par les individus et les peuples

Qui au lieu d'avancer

S'écrasent dans la merde du passé

LES OMBRES

les ombres montent

glissantes taches sombres

envahissantes et sournoises

elles s'infiltrent partout

s'élançant et s'avançant

pour s'évanouir dans la nuit

et nous entraîner dans l'oubli

les ombres s'allongent

dans la lumière fuyante

détachées elles s'estompent

avalées dans le néant naissant

les ombrent s'étirent

bâillement enivrant

d'une orange recommencement

TEMPS GASPILLÉ

La banalité qui s'installe dans nos vies

Paisibles moments de bonheur facsimilé

Parfaite harmonie illusoire

Elle se révèle brutalement

Quand il devient trop tard

Une décharge violente qui s'acharne

Qui nous dévore doucement

Car elle fut habilement déguisée

En ces choses qui font la vie

Pour se révéler affreusement

En désespoir le soir venu

VERS DEMAIN

Le ciel échevelé

S'étend en filaments blancs

S'étirant dans l'horizon infini

Essoufflés par le temps

Qui passe invisiblement

Vers un lendemain incertain

Vers un lointain brumeux

D'un bleu-mauve nonchalant

Qui nous invite incessamment

POUR S'ENVOLER

Les notes calmantes du silence

Emportées par le vent d'avril

Glissent froidement sur le lac

Pour s'emplir de frissons touchants

Elles galopent allègrement

Vers la splendeur du néant

SANS FIN

il y a longtemps que je suis mort

c'est dans cette pénombre

que j'ai découvert la vie

un écrasement dimensionnel

dans lequel tout se révèle

un néant d'où je renais

une réalité renouvelée

la fin du début

je suis né il y si longtemps

dans une lumière inondante

avide du prochain moment

qui vient qui passe

en emportant un autre

dans un tango attractif

sans fin

www.ingramcontent.com/pod-product-compliance
Lightning Source LLC
Chambersburg PA
CBHW071735020426
42331CB00008B/2041